Freud
& a religião

PSICANÁLISE PASSO-A-PASSO

Direção: Marco Antonio Coutinho Jorge

Ver lista de títulos no final do volume

Sérgio Nazar David

Freud & a religião

ZAHAR

Capa
Sérgio Campante

Composição
TopTextos Edições Gráficas Ltda.

Impressão sob demanda
UmLivro

Papel
Offset, Suzano S.A.

CIP-Brasil. Catalogação na fonte
Sindicato Nacional dos Editores de Livros, RJ

David, Sérgio Nazar, 1964-
D275f Freud e a religião / Sérgio Nazar David. — 1ª ed. — Rio de Janeiro: Zahar, 2003.
il. — (Passo-a-passo; v.20)

Inclui bibliografia
ISBN 978-85-7110-724-3

1. Freud, Sigmund, 1856-1939. 2. Psicanálise e religião. I. Título. II. Série.

CDD: 150.1952
03-1009 CDU: 159.964.2

[2020]

EDITORA SCHWARCZ S.A.
Praça Floriano, 19, sala 3001 — Cinelândia
20031-050 — Rio de Janeiro — RJ
Telefone: (21) 3993-7510
www.companhiadasletras.com.br
www.blogdacompanhia.com.br
facebook.com/editorazahar
instagram.com/editorazahar
twitter.com/editorazahar

Sumário

Introdução 7

Freud e seus antecessores 11

O inconsciente é uma terra estrangeira 21

Metafísica do amor e do sexo 29

A religião é uma ilusão 35

Psicanálise e religião depois de Freud 49

A psicanálise não visa à salvação 53

Referências e fontes 56

Leituras recomendadas 59

Seleção de textos 63

Sobre o autor 69

Introdução

Numa carta ao pastor Oskar Pfister, de 25 de novembro de 1928, Freud escreveu que queria proteger a psicanálise dos médicos e dos sacerdotes. Queria entregá-la a uma categoria de homens que ainda não existia, uma categoria de curas seculares da alma, que não necessitavam ser médicos e não podiam ser sacerdotes. Freud quis deixar claro que a psicanálise não deveria ser confundida com a medicina nem com a religião.

Para Freud, a religião atende, acima de tudo, a fortes e antigos anseios da humanidade: o anseio pelo pai, o anseio de defesa contra as forças esmagadoramente superiores da natureza e o anseio de retificar as deficiências da cultura. Com a religião, o homem realizaria uma espécie de intoxicação, que o afasta de parcelas indesejáveis da realidade, mas também da especificidade de seu desejo.

A religião foi incluída por Freud no rol das ilusões. Uma ilusão não é um erro. É simplesmente algo que não precisa se confirmar. Basta acreditar nela, independentemente de qualquer verificação. É uma ilusão exatamente por isso: não defende o homem da natureza (majestosa, cruel, inexorável), não retifica a cultura (permanece o mal-estar do homem na cultura), mas precisa manter essa promessa de que é, será ou seria possível fazê-lo. Em outras palavras, a religião ilude o homem porque, baseada em uma hipótese superior dominante, propõe-se a não deixar nenhuma pergunta sem resposta. Desse modo, tudo que inquieta o homem teria uma solução.

Para se contrapor às ilusões religiosas, Freud aposta no poder da psicanálise (cuja maior contribuição consiste, segundo ele, em ter estendido a pesquisa científica à vida mental), no poder do saber inconsciente. Seus detratores costumam se valer do conhecido final de *O futuro de uma ilusão* para advogar a tese de que assim Freud seria racionalista, cientificista, e que teria o intuito de formular um saber totalizante.

Entretanto, devemos ter claro que, ao afirmar no final do referido livro "não, nossa ciência não é ilusão", o que Freud está dizendo é exatamente o contrário de tal argumento: que a psicanálise não tem a pretensão de construir um sistema totalizante, capaz de explicar tudo; que não é uma ilusão (como a religião é). Por isso, quase não mereceria a denominação de "ciência". Se, a seu modo de ver, o merece, é tão-somente porque, assim como a ciência, rejeita de seus métodos a revelação, a intuição e a adivinhação.

É preciso sempre ver de que razão e de que ciência se está falando. Freud descobre que o inconsciente tem leis próprias e que o homem não tem domínio sobre si mesmo. Refere-se à diferença, ao que é singular e específico em cada um de nós. A psicanálise é uma teoria sobre o homem que não chega para dizer a Verdade, mas sim para indagar uma terra sempre estrangeira, o inconsciente. Em *Novas conferências introdutórias sobre a psicanálise*, Freud chamará isso de "psicologia profunda", "psicologia do inconsciente". O que é quase o mesmo que dizer: uma ciência que não tem como precondição explicar tudo.

Freud sabe muito bem o quanto não se pode explicar tudo. Em vários momentos abriu mão do lugar de pesquisador, dizendo preferir o de conquistador. A todo momento ele se detém diante de enigmas sem decifração com expressões e frases muito características de seu texto: "ainda não sabemos", "ainda não estamos certos disso", "o desenvolvimento de nossas pesquisas não pôde ainda dizer se", ou ainda "por ora só posso lhes responder *não sei*".

O Freud que diz que sua ciência não é ilusão já tem 71 anos e já escreveu grande parte de sua obra, baseado na idéia de que muito de nós pode se manifestar exatamente quando o pensamento falha. Foi isso que passou a ser chamado de ato falho. Curiosamente, esse ato não tem nada de falho. É, pelo contrário, em si mesmo um ato de verdade, uma verdade de valor específico e subjetivo. E sua manifestação, embora o homem de modo geral não queira saber dela, é prova de que o inconsciente existe. Queiramos ou não, o inconsciente — este trabalhador incansável, como disse o psicanalista francês Jacques Lacan — a todo momento deixa seus rastros, através dos ditos atos falhos, dos equívocos, dos esquecimentos, dos sonhos e daquilo que tantas vezes dizemos aparentemente "sem intenção". Depois tentamos remendar: "Não, não, foi só uma maneira de dizer", ou "não foi isso que eu quis dizer".

Acusam Freud de criticar a religião, criando em contrapartida uma teoria sobre o homem totalmente contrária à crença em Deus e fazendo disso uma nova religião. Porém, o erro dessa argumentação é não ver que crer em Deus é muito diferente de crer no inconsciente.

A crença em Deus supõe uma ordem natural (tudo que diz respeito ao mundo e ao homem obedeceria a leis da natureza que seriam para todos) e uma razão soberana (o homem seria capaz de reconhecer o que é o Bem e onde ele está). Já a crença no inconsciente revela que o homem tem uma natureza distinta dos animais. E por quê? Porque o homem fala, e sendo falante falta-lhe exatamente o saber que lhe permitiria integrar ou promover essa ordem natural. Se não faltasse esse saber todos dariam a mesma resposta para perguntas como: O que é o homem? O que é a morte? O que é a verdade? Um gato é um gato e fará as mesmas coisas na Grécia antiga ou na França de Bonaparte. Mas nós, homens, falantes, não somos iguais em nenhuma época e em nenhum lugar. E isso não por causa da época e nem do lugar simplesmente, mas porque somos únicos, seja quando ou como for.

Freud foi educado na sociedade européia ocidental do século XIX. Sua formação se fez através de doutrinas inspiradas na moral cristã: filosofia, direito, pedagogia e até mesmo a medicina moderna, que no século XIX também recusava os dogmas da religião. Essas doutrinas não deixam de propor que algo pode livrar o homem do sofrimento; que a Felicidade (completa, para sempre e absoluta) é acessível ao homem; que a capacidade de julgar, bem utilizada, pode levar o homem a não se enganar com o mundo e consigo mesmo; que a causa do sofrimento é o mundo ou um erro moral cometido por quem sofre (devendo portanto pagar por isso); e que ao homem e à mulher estão reservadas funções biológicas e teológicas. E foi contra essas teses hegemônicas de seu tempo que Freud se insurgiu.

Mas as coisas não são tão simples como talvez possa parecer. Freud escreveu contra, sim, contra o que defendiam os pedagogos, os filósofos, os padres, os juristas, os médicos de seu tempo. Entretanto, também havia naquela sociedade algumas brechas que possibilitaram o surgimento de sua obra — não podemos dizer que tudo estivesse preparado para a sua chegada. Nem, muito menos, que ele fez o que fez única e exclusivamente devido ao seu gênio pessoal.

Freud e seus antecessores

Em *Esboço de psicanálise* Freud afirmou que a psicanálise não jorrou da pedra, nem caiu do céu, que ela se liga a qualquer coisa de anterior que ela prolonga, retrabalhando, com vistas a produzir novos direcionamentos para o conhecimento da realidade psíquica.

Jacques Lacan, em sua retomada da obra de Freud, mostrou que o nascimento da ciência moderna, no século XVI — pautada na idéia da verdade empírica, ou seja, de que algo só é verdade se resistir à prova de experiência —, propiciou um desenvolvimento tal que foi possível a Freud criar a psicanálise com o que escutou de seus analisandos, em sua clínica.

Em *Novas conferências introdutórias sobre a psicanálise*, Freud vai mostrar que um questionamento vigoroso das verdades tidas como absolutas no campo da religião e da filosofia já tinha sido feito antes dele.

Freud dirá que a filosofia até então tinha se empenhado em alimentar a ilusão de ser capaz de apresentar um quadro do universo sem falhas e coerente. Entretanto, diz ele, tal quadro está fadado a ruir ante cada novo avanço. Para ele, a filosofia perde o rumo também quando superestima o valor de nossas operações lógicas e quando aceita fontes de conhecimento tais como a intuição. E cita o filósofo Immanuel Kant, para quem "os céus estrelados e as leis morais [estariam] dentro de nós". Desse modo cada um teria nas mãos todas as condições para alcançar a felicidade. Se não a alcança é porque — segundo Kant — ainda não é digno dela. Se for persistente, pode ter esperança de participar dessa felicidade algum dia... Para Kant, a consciência seria um tribunal presidido por uma razão soberana e universal. Deus e a vida futura são inseparáveis dessa razão. É claro que Freud esteve na contramão dessa filosofia.

Mas houve um filósofo pelo qual Freud parece ter tido, pelo menos na juventude, especial predileção. Trata-se de Ludwig Feuerbach, autor de *A essência do cristianismo* e de *A essência da religião*, publicados em 1841 e 1846, respectivamente. O que Freud viu de especial aqui talvez tenha sido a possibilidade que então começou a se abrir para que a religião pudesse ser tratada como um assunto humano e submetida à reflexão crítica. Feuerbach insistia que seus escritos eram para combater o aspecto inumano da religião, e não sua essência, segundo ele, humana. "De todos os filósofos", dirá Freud em carta a Eduard Silberstein, de 7 de março de 1875, "é este homem que eu mais venero e admiro."

Mas é bom saber que Feuerbach não era um ateu. O que quis parece ter sido lançar um olhar antropológico sobre a religião, submetê-la à análise — o que àquela época já não era pouca coisa. Na França, o filósofo Lamennais, ao lado dos católicos liberais, foi seriamente reprimido pela Igreja por ter ousado introduzir no pensamento cristão algumas doses de reflexão em detrimento do habitual dogmatismo. Na França de 1830, Lamennais afirmou que Deus poderia ser o aliado da liberdade e que um catolicismo liberal era algo bastante possível. Em 1864, o papa Pio IX respondeu aos liberais com a encíclica *Syllabus, ou Conjunto dos principais erros de nosso tempo*, condenando o liberalismo e tudo o mais que, em sua ótica, pudesse então ser abrigado sob o rótulo de racionalismo.

Com relação à religião, está visto que os questionamentos virão de todos os lados. Primeiramente, lembra Freud, a suspeita foi lançada em direção aos milagres. Depois, passaram a ser contestadas as doutrinas cristãs de explicação da origem do universo. Em seguida, as pessoas muitas vezes verificavam que os pronunciamentos da religião prometendo aos homens proteção e felicidade, bastando para tanto o cumprimento de determinados requisitos morais, também se mostravam pouco merecedores de crédito: "Parece não ser verdade", escreveu Freud em *Novas conferências introdutórias sobre a psicanálise*, "que existe um poder no universo que vela pelo bem-estar dos indivíduos com desvelo parental e conduz todas as coisas a um desfecho feliz. ... Terremotos, maremotos, conflagrações não fazem nenhuma distinção entre o virtuoso, o piedoso, o patife e o descrente."

A última e a mais severa crítica à religião teria vindo, segundo Freud, da psicanálise, que mostra que a religião se originou do desamparo da criança prolongado na idade adulta. No lugar do pai protetor da infância, o homem adulto põe o Deus, Pai, Todo-Poderoso, a quem se deveria louvar e dar graças em todo o tempo e lugar. Com esta associação, Freud impugna também a origem divina da religião. Alguém dirá que isso é muita presunção de Freud. Ele mesmo respondeu a isso, mostrando que, mesmo que estivesse ele também iludido, suas ilusões não possuiriam caráter de delírio, e que se a experiência demonstrasse que ele estivera enganado abandonaria seus pontos de vista. Sua tentativa de compreender as idéias religiosas deveria ser tomada por aquilo que de fato era: uma tentativa.

As posições de Freud não são nada fáceis de serem admitidas. Ao estender o campo de observação aos fenômenos da vida mental, ele questiona o abrigo e o conforto que o homem vai buscar na religião, e ainda acrescenta: onde esse homem julga ter sua morada mais segura (i.e, na consciência), é justamente aí que invasões incômodas (i.e., pensamentos indesejáveis) vêm lhe turvar a paz.

Freud criticou a filosofia de modo cautelososo, sempre sublinhando que nunca fora um grande leitor dos filósofos.

E ainda a religião, de modo vigoroso, em vários trabalhos ao longo de sua vida. Mas também criticou a medicina em *Resistências à psicanálise* e em *A questão da análise leiga*. No primeiro, quis mostrar que os médicos haviam sido ensinados a observar apenas fatores físicos, anatômicos e químicos. Não estavam preparados para levar fatores psíquicos em consideração. Forçar a atenção para que esse campo (o dos processos mentais, que em si são inconscientes) fosse observado dentro da medicina era praticamente impossível, já que os médicos de então (e talvez de hoje, ainda) consideravam abstrações como essa e outras com que a psicanálise trabalha, como "nebulosas, fantásticas, místicas". No entanto, lembra Freud, "os experimentos de Charcot" já haviam mostrado que os sintomas da histeria são psicogênicos — i.e., são "processos mentais que percorreram seu curso".

Curiosamente, é Jean-Martin Charcot — médico e neurologista francês com quem Freud estudou em Paris de outubro de 1885 a fevereiro de 1886, e a quem nunca se cansou de render homenagens — quem protagonizará duas histórias que só fazem valorizar a escuta analítica e a experiência. E que, ao mesmo tempo, mostram que a teoria nunca pode se desvincular da prática.

A primeira história: sempre que algo, em sua clínica, lhe parecia muito estranho, Freud lembrava-se da lição de Charcot: "Permaneça atento e olhando fixamente para a coisa." Quando Charcot morreu, em 1893, Freud escreveu em homenagem ao grande mestre da neurologia francesa um pungente necrológio, lembrando que Charcot sempre dizia que a maior satisfação de que um homem podia gozar era ver algo novo. Por isso, era preciso observar detidamente, uma e outra vez, aquilo que não era conhecido, até que se pudesse alcançar sua compreensão.

A segunda história traz à cena a desconfiança de Charcot em relação a construções teóricas. Durante um debate, ao ser interpelado com objeções, ele teria dado razão ao seu interlocutor, para concluir em seguida que, todavia, o que ele, Charcot, propunha não deixava por isso de existir: "ça n'empêche pas d'exister". Ou melhor: a teoria está muito bem, mas isso não impede que os fatos existam.

A medicina do século XIX considera-se, a seu modo, detentora de todo o saber a respeito daqueles que sofrem. Com Freud, ficamos sabendo que o saber vem daquele que sofre. Obstinado pela verdade, Freud gostava, entretanto, de dizer que toda verdade é limitada, que não existe a verdade cem por cento, assim como não existe o álcool cem por cento.

Portanto, neste particular toda a atenção ainda será muito pouco, já que não se deve esquecer que a ciência moderna, ao dizer que verdade é tudo aquilo que pode ser comprovado pela experiência, acaba construindo a idéia de que a verdade está na realidade. Para conhecê-las — a verdade e a realidade — o homem de ciência deveria saber aproximar-se delas pela experiência e também saber traduzi-las em palavras. Pois é aí que está o engano: as hipóteses iniciais e a singularidade de cada pesquisador não condicionariam a experiência, comprometendo-a de algum modo? E mais: ao expressar-se, esse homem de ciência não estaria também sujeito aos equívocos que afetam todos aqueles que falam e escrevem? Então isso significa que uma teoria (por mais que esteja embasada num conjunto de experiências) por si só nunca é tudo, nunca pode oferecer ao homem um saber total e completo sobre si próprio. Ao mesmo tempo, poderá ser sempre, segundo a psicanálise, redimensionada por algo que alguém diz, por algo que alguém é capaz de escutar.

Seja como for, também os pensadores dos séculos XVIII e XIX no Ocidente cristão serão aqui e ali surpreendidos por aquilo que permanece inacessível ao entendimento do homem. Mas a solução será quase sempre fingir, fazer de conta, ignorar esses sinais tão evidentes de que talvez fosse melhor não se orgulhar tanto dessa razão, não ser tão arrogante e otimista com essa civilização requintada e cruel que se vai armando a partir da crença na equação "Natureza (boa) + Razão (divina) = Felicidade".

O escritor austríaco Stefan Zweig fará referência a esse mundo — a Europa ocidental cristã — e a essa época — o século XIX — a que Freud se contrapôs, em *A cura pelo espírito*, obra publicada em 1931. No capítulo introdutório à seção dedicada a Freud, intitulado "A situação na virada do século", Zweig sublinha a coragem de Freud ao direcionar seus esforços contra a fé em um ideal (a religião) e contra a hipocrisia burguesa. Em correspondência a Freud de 8 de setembro de 1926, reafirmará isso: "Deixe-me, desta vez, expressar claramente o que eu lhe devo, o que muitos lhe devem — a coragem na psicologia. O senhor retirou as inibições de um número incontável de personalidades, assim como da literatura de toda uma época. Graças as senhor, nós vemos muitas coisas. — Graças ao senhor, nós dizemos muitas coisas que, sem a sua atuação, não teriam sido nem vistas nem ditas."

Freud não via nada de bom no idealismo. Para ele, com um ideal o homem ilude a si mesmo e aos outros. Todo ideal é enganoso e enganador. Isso quer dizer que a proposta freudiana é não crer em nada? Claro que não. É, pelo contrário, desconfiar daqueles que prometem tudo. Por exemplo: quando dizemos que devemos desconfiar do amor enquanto ideal, isso significa que o amor não existe? Não. Significa apenas que não devemos esperar tudo do amor, que o amor — assim como todas as coisas da vida — é finito e tem limites. Quando, a partir de Freud, dizemos que devemos desconfiar do Mandamento "ama ao próximo como a ti mesmo", isso significa que estamos pregando o egoísmo e a violência? Também não. Apenas estamos lembrando o que é puro ideal: que ninguém é capaz de amar alguém só porque esse alguém é seu semelhante. Para Freud, o amor é uma moeda muito preciosa, que não deve ser distribuída assim, sem se olhar a quem. (Aliás, normalmente não é amor o que o homem dá sem olhar a quem.) Pelo contrário, sob o manto da caridade e da compaixão, o que o homem faz é satisfazer no próximo sua agressividade, é explorar seu trabalho sem compensação, utilizá-lo sexualmente sem o seu consentimento, apropriar-se de suas posses, humilhá-lo, causar-lhe sofrimento, torturá-lo e matá-lo. Ao nos lembrar desse trecho da obra de Freud, que está em *O mal-estar na cultura,* Jacques Lacan completa: "Aqueles que preferem os contos de fadas fazem ouvidos moucos."

Zweig abre *A cura pelo espírito* afirmando que o erro não está na falta de discernimento, mas sim na covardia, e que cada passo em direção ao conhecimento é resultado da coragem. Para Zweig, o cristianismo combate o desejo sexual em nome da saúde da alma, impondo brutalmente ao homem "a paixão do espírito como ideal", "destrói sua orgulhosa obstinação dentro das prisões e sobre as fogueiras, com o intuito de fazer retornar a alma à sua pátria suprema". O romancista português Eça de Queirós registrará em duas de suas obras — *O crime do padre Amaro* e *Os Maias* — esta pergunta, sempre vinda da boca de um padre: Quais são os inimigos da Alma? Resposta: O Mundo, o Diabo, a Carne! A hipocrisia religiosa e burguesa quis passar ao largo da força do desejo, ou na melhor das hipóteses reconhecê-la para tentar domesticá-la por meio de uma razão supostamente soberana.

Às mulheres estavam destinados prioritariamente os papéis de mãe e de esposa. Àquelas que não conseguiam cumpri-los restava uma saída: o convento. O desejo sexual aqui só deveria entrar para servir à procriação da espécie, à celebração da família pautada nos moldes cristãos. Todo um conjunto de regras se armou para evitar os dois maiores perigos para a mulher: o adultério e a prostituição. Já aos homens, como bem mostrou Freud em *Sobre a tendência universal à depreciação na esfera do amor*, restava viver uma estranha divisão: o "santo amor conjugal" (onde o desejo sexual estava tantas vezes inibido, já que a mulher ali cumpria apenas o papel de mãe) ou o "desejo bruto e feroz" (onde o desejo sexual podia comparecer, porque se dirigia a mulher identificada à prostituta). Ou seja: os homens, quando amavam, não desejavam; quando desejavam, não amavam.

Quem estivesse fora disso estava condenado ao silêncio. As leis diziam: é crime! A medicina dizia: não é saudável! É doença... A pedagogia: agora não tem mais jeito. Os padres: caso se arrependa, terá ainda uma chance no céu. Os filósofos preferiram não incluir em seus sistemas de pensamento esses desvios, compreensíveis talvez em "culturas inferiores". Zweig comenta esses dramas íntimos vividos por tantos homens e mulheres: "Moralmente, o século XIX não foi regido por Kant, mas sim pelo Can't." Esta tirada espirituosa mostra que o século XIX foi na verdade regido tanto pela filosofia de Immanuel Kant, de deveres que se imporiam ao homem pela força da razão, quanto pelas proibições reunidas aqui na referência à forma verbal "can't" da língua inglesa.

Curiosamente, nunca até então se tinha falado tanto de amor e de desejo sexual (é bem verdade que de forma cautelosa). Mas é preciso ver a que esses primeiros "arroubos de tagarelice" visavam. Parece que o que estava em foco era muito mais uma disciplina, com a intenção de deixar claro o que podia e o que não podia ser feito. Portanto, a liberdade que os homens e as mulheres aparentemente tinham, segundo as normas sociais, era acima de tudo a de obedecer. Quanto ao desejo, que esperassem sentados. Outras épocas enfrentaram os dilemas da sexualidade quase sempre com medidas mais radicais. O século XIX, que já não acreditava no Diabo e que já começava a suspeitar de Deus, se aproximou do sexo com prudência. Romances de Flaubert, Zola, Eça de Queirós, que hoje já nos parecem comedidos, fizeram escândalo à época. Isso mostra que o que revelaram já não foi pouco.

A filosofia do final do século XVIII e do século XIX, em suas linhas mestras, está fundada numa estranha dualidade: a diferença entre os sexos estaria a serviço da propagação da espécie. Desse modo, a natureza mostraria o quanto é sábia, dando ao homem, à mulher, ao amor e ao desejo funções harmônicas e determinadas. Isso está em Fichte, em *Fundamentos do direito natural segundo os princípios da doutrina da ciência*; está em Kant, em *Antropologia do ponto de vista pragmático*. O ponto de mira é a salvação do homem, através de uma idéia de Bem, ditada pela consciência, que seria capaz de fazer claramente a distinção entre este e o Mal. O "tu deves" kantiano (imperativo e categórico) teria sempre como coadjuvante o "tu não podes".

O inconsciente é uma terra estrangeira

A psicanálise está fundada em dois pilares: a descoberta do inconsciente e o papel atribuído à sexualidade. É na virada do século XIX para o século XX que podemos identificar, na obra de Freud, a ênfase nestes dois postulados, através dos quais ele se afasta decisivamente do método catártico e da hipnose, rompendo com o médico vienense Josef Breuer, com quem escrevera, em 1895, *Estudos sobre a histeria*, obra inaugural da história da psicanálise.

Breuer permaneceu ligado aos princípios da fisiologia de seu tempo. Em contrapartida, Freud passou a considerar, em *Três ensaios sobre a teoria da sexualidade* e em *Fragmento da análise de um caso de histeria*, as neuroses como perturbações da função sexual. E isso sem exceção. Em *História do movimento psicanalítico*, Freud se lembrará ainda com estupefação que o próprio dr. Charcot já sabia disso, quando de modo displicente dizia: "É sempre a coisa genital, sempre... sempre... sempre..." Isto foi dito numa recepção em sua própria casa, em Paris, informalmente. Ao ouvi-lo, Freud se pergunta: "Mas se ele sabe disso, por que nunca diz" Por que Charcot não dizia isso publicamente? Porque uma coisa é externar uma opinião sob a forma de comentário passageiro, e outra bem diferente é levá-la a sério e persistir nela até dar-lhe um lugar entre as verdades aceitas. Trata-se da diferença entre um flerte fortuito e um casamento com todos os seus deveres e dificuldades.

Um exemplo dessa tenacidade de Freud nisso que pode ser considerado um dos pilares da psicanálise (a importância prática do fator sexual na causação das neuroses) é a sua ida a uma reunião da Sociedade de Psiquiatria e Neurologia de Viena, presidida naquela ocasião pelo psiquiatra austríaco Krafft-Ebing. Seu intuito era o de comunicar suas descobertas e, sem dúvida, obter algum reconhecimento de seus colegas. O silêncio em torno de Freud e as insinuações que lhe foram dirigidas fizeram-no, entretanto, compreender que a partir de então tinha passado a fazer parte daqueles que perturbam o sono do mundo. Já que "sua coragem moral não era exatamente o que se pode chamar de pequena", já que estava certo da exatidão de suas observações, Freud resolveu então "aceitar o destino que às vezes acompanha essas descobertas".

Também no que concerne à descoberta do inconsciente, Freud se afastou da hipnose. Seu método enxergava no sonho a via régia, o melhor caminho para o conhecimento dos pensamentos inconscientes, para o conhecimento teórico do inconsciente e, mais ainda, para levar os leitores a admitirem a existência do inconsciente. Também nesse segundo pilar de sustentação da psicanálise — a importância das manifestações do inconsciente — Freud sai do campo da patologia. Todo o mundo sonha, todo o mundo se equivoca, todo o mundo esquece, todo o mundo esquece que esqueceu, todo o mundo tem desejos inconscientes (recalcados) que retornam seja como for. Melhor ainda: todo desejo é inconsciente. E isso vale também para aquelas pessoas que até então vinham sendo consideradas pela ciência e pela religião sãs de corpo e salvas de alma.

Freud não foi o primeiro a dizer que a vida psíquica não se identifica com a consciência. Isso já aparece em Aristóteles, e no século XIX é uma idéia corrente, embora ainda não hegemônica, da filosofia, da literatura, das artes em geral. Freud, entretanto, irá realizar uma dupla ruptura nesse ponto. Primeiro porque, contrariamente ao pensamento ainda dominante no século XIX, para ele a consciência não é a sede da razão. Para ele, há desejos que permanecem, a despeito de tudo, e que, recalcados, retornam à consciência sob a forma de sintoma. Portanto, a consciência está sempre sendo de algum modo abalada por uma verdade que não quer calar (sintoma), por esse algo de estranho que insiste, resiste, não desiste. Em *Novas conferências introdutórias sobre a psicanálise*, Freud afirma que o sintoma provém do recalque, representa o recalque, de algum modo, diante da consciência. O recalque é sempre, para a consciência, uma terra estrangeira, uma terra estrangeira interna, do mesmo modo que a realidade é uma terra estrangeira externa.

A segunda ruptura de Freud em relação ao século XIX está no fato de que não só a consciência não é mais a sede da razão (como a filosofia e a teologia tantas vezes o disseram), como também o próprio inconsciente não tem mais o sentido que o romantismo lhe pôde vez por outra atribuir. A noção romântica admitia o inconsciente como terra que podia ser conhecida por uma intuição, uma genialidade criadora (daí falar-se à época de "estética do gênio"), uma racionalidade especialíssima que só os grandes homens tinham. Para Freud, diferentemente, o inconsciente tem leis próprias. Lendo Freud, Jacques Lacan dirá: o inconsciente se estrutura como uma linguagem. É quando Freud vai em direção a uma nova noção de representação que ele dá um basta em toda a tradição metafísica, romântica, idealista, teológica que o precedeu.

Ele mesmo apresenta essa idéia no ensaio de 1917 *Uma dificuldade no caminho da psicanálise*. Ao mostrar a primazia que a psicanálise dá ao desejo inconsciente, ao desejo de que não se quer saber, ao desejo que é recusado pela consciência,

Freud intenta esclarecer também que as dificuldades pelas quais todos de algum modo passam para compreender a psicanálise não são de natureza intelectual, "que não se trata de uma dificuldade intelectual, de algo que a torne difícil de ser entendida ... mas de uma dificuldade afetiva — alguma coisa que aliena os sentimentos daqueles que entram em contato com a psicanálise, de tal forma que os deixa menos inclinados a acreditar nela ou a interessar-se por ela. Conforme se poderá observar, os dois tipos de dificuldade, afinal, equivalem-se. Onde falta simpatia, a compreensão não virá facilmente."

Nesse trabalho Freud mostra o quanto é mais conveniente ao homem crer que o pensamento lhe dá a precondição supostamente necessária à sua existência, que, através do pensamento e do bom senso, pode conhecer o mundo e a si mesmo. A esta idéia Freud chama de "narcisismo universal dos homens", e destaca então na história do pensamento científico três severos golpes que tal "ilusão narcísica" teria sofrido.

O primeiro estaria associado à obra de Copérnico, à perda da ilusão em relação à posição privilegiada da Terra dentro do Universo.

O segundo golpe está ligado ao nome de Charles Darwin, aos seus colaboradores e precursores, que puseram fim à presunção por parte do homem de ser completamente diferente dos animais. Que não se interprete mal essa afirmação de Freud supondo-o de algum modo continuador de Darwin. A obra de Freud não se confunde com a deste último, até porque Freud, com a descoberta do inconsciente, vê os homens como distintos dos animais, sim. Entretanto, ele nos mostra que Darwin destrói a esperança do homem de distinguir-se dos animais por uma suposição narcísica de ter algo — o bom senso, a razão pura, o saber natural —, e que este algo o colocaria totalmente fora das leis biológicas. A verdade é que "as conquistas que [o homem] realizou não conseguiram apagar as evidências, tanto na estrutura física quanto nas aptidões mentais", de que permanece algo no homem que o aproxima estreitamente de algumas espécies. Freud dava pouca importância à teoria darwinista da seleção natural, mas valorizava o modo pelo qual Darwin eliminou a finalidade biológica. Ou seja: não há um princípio superior de perfeição a reger a vida. A despeito de tudo, para Freud, Darwin permaneceu sempre sendo "o grande Darwin".

O terceiro golpe sofrido pelo narcisismo do homem foi de natureza psicológica. Este talvez seja, segundo Freud, "o que mais fere". Humilhado em suas relações externas, o homem sente-se superior em algum lugar do núcleo do seu eu, atento aos seus impulsos e ações, verificando se são harmônicos. Acontece que há situações em que as coisas não acontecem de modo tão harmônico. Vejamos o que nos diz Freud:

> Os pensamentos emergem de súbito, sem que se saiba de onde vêm, nem se possa fazer algo para afastá-los. ... Ou então os impulsos surgem, parecendo como que os de um estranho, de modo que o eu os rejeita; mas, ainda assim, os teme e toma precauções contra eles. O eu diz para

consigo: "Isso é uma doença, uma invasão estrangeira." Aumenta sua vigilância, mas não consegue compreender por que se sente tão estranhamente paralisado. É bem verdade que a psiquiatria nega que tais coisas signifiquem intrusão, na mente, de maus espíritos vindos de fora; para além disso, no entanto, só consegue dizer com indiferença: "Degenerescência, inclinação hereditária, inferioridade constitucional!"

O modo pelo qual Freud propõe que a psicanálise possa educar o eu é, em síntese, diferente do que prevêem a religião, o direito, a ciência, a pedagogia e a própria filosofia. Isso de tal forma que, levada a descoberta freudiana à radicalidade, diríamos que não há religião natural, nem direito natural, nem ciência natural, nem educação pelas supostas leis do bom senso, da natureza, e muito menos razão pura, o que seria o mesmo que dizer razão natural.

A "educação do eu" a que a psicanálise visa parte de duas descobertas: a de que as pulsões sexuais não podem ser inteiramente domadas e a de que os processos mentais são em si inconscientes. Isso, então, leva-nos à assertiva: "O eu não é o senhor da sua própria casa." Portanto, a psicanálise não é uma pedagogia.

É por isso que a concepção de ética da psicanálise é singular. Porque não visa ao impossível, porque erguemos um saber que se edifica, entretanto, sobre um fundo de ignorância. E isso não de modo abstrato, mas sim alcançando questões que tocam pessoalmente cada indivíduo e o forçam a assumir alguma atitude em relação a esses problemas. Ao dar ênfase à importância psíquica da sexualidade enquanto nunca completamente domável e à inconsciência da vida mental, a psicanálise não será mesmo vista com bons olhos por toda uma tradição pautada na primazia da razão sediada na consciência. E mais: seu destino não poderá ser nunca a aceitação pacífica.

Freud, em 1909, ao aportar nos Estados Unidos para proferir suas *Cinco lições de psicanálise*, teria dito a Carl Jung, que o acompanhava à ocasião: "Eles não sabem que lhes estamos trazendo a peste." Lacan, em conferência proferida em Viena em 1955, posteriormente ampliada e publicada nos *Escritos* sob o título de "A coisa freudiana", afirma ter ouvido de Jung tal história. Sim, numa sociedade em que o pensamento dominante é o de que tudo pode ser transformado em dinheiro e o de que tudo deve se adequar ao universo e aos imperativos das leis comuns, procede associar a psicanálise à peste. Quando, no entanto, nos lembramos hoje dos caminhos da psicanálise nos Estados Unidos, muito mais próximos de uma visão terapêutica, adaptativa, comportamental, somos levados a responder: os americanos não aceitaram, devolveram "a peste", ou talvez tenham-lhe retirado os atributos que compõem sua radicalidade enquanto saber, e ficaram apenas com o que interessava.

O próprio Freud teve tempo para rever suas expectativas em relação à entrada de suas idéias nos Estados Unidos, quando, em 1930, na introdução ao número especial de psicopatologia de *The Medical Review of Reviews*, escreveu:

> ... a popularidade do nome da psicanálise nos Estados Unidos não significa ... qualquer conhecimento especial-

mente amplo ou profundo dela. ... Embora os Estados Unidos possuam diversos analistas excelentes ..., as contribuições à nossa ciência provindas desse imenso país são exíguas e pouco apresentam que seja novo. Psiquiatras e neurologistas fazem uso freqüente da psicanálise como método terapêutico, mas, via de regra, mostram pouco interesse por seus problemas científicos e sua significação cultural. Particularmente com freqüência encontramos nos médicos e autores americanos uma familiaridade muito insuficiente com a psicanálise, de modo que só conhecem seus termos e algumas palavras de engodo — embora isso não os abale na certeza de seu discernimento. E esses mesmos homens misturam a psicanálise a outros sistemas de pensamento, que dela podem ter-se desenvolvido, mas que com ela são atualmente incompatíveis.

Metafísica do amor e do sexo

Freud aponta em 1920, no prefácio à quarta edição de *Três ensaios sobre a teoria da sexualidade*: "Schopenhauer mostrou aos homens em que medida seus feitos e interesses são determinados por aspirações sexuais ... e parece incrível que todo um mundo de leitores tenha conseguido banir de sua mente, de maneira tão completa, uma advertência tão impressionante."

Já que Freud coloca a sexualidade no centro dos interesses do homem, desvinculando-a da procriação; já que é ele mesmo quem vai detectar em Schopenhauer a nota destoante em relação à sua época (a importância dada à sexualidade); e já que ambos de algum modo se contrapõem à idéia de que a sexualidade seria apenas um meio de promover o Bem, segundo as leis cristãs, então vale atentar para essa obra, *Metafísica do amor*, confrontando o que aqui é exposto com a teoria freudiana.

Em *Metafísica do amor*, de 1844, Arthur Schopenhauer diz: "... consideramos o papel importante que o impulso sexual desempenha, em todas suas gradações e nuanças, ... onde ele, ao lado do amor à vida, mostra-se como a mais forte e ativa das molas propulsoras, absorvendo ininterruptamente a metade das forças e pensamentos da parte mais jovem da humanidade. É ele a meta final de quase todo esforço humano."

Para Schopenhauer a natureza ilude o homem, através do amor e do impulso sexual, para satisfazer unicamente à propagação da espécie e, com isso, à propagação do Mal. Esse livro de Schopenhauer tem sua importância, na medida em que põe no centro da vida humana algo até então considerado de segunda ordem. E também porque de algum modo reconhece a falácia do ideal iluminista da Felicidade — Igualdade, Liberdade, Fraternidade —, mesmo que dando a isso o nome de "propagação do Mal promovida pela espécie".

Schopenhauer associa o impulso sexual à procriação. Para Freud, diferentemente, esse impulso (que para a psicanálise se chama *pulsão sexual*) visa à satisfação, o que significa que há nos processos mentais uma forte tendência no sentido do *princípio de prazer*. Está em *O mal-estar na cultura*: "O que pedem os homens da vida e o que desejam nela realizar? A resposta mal pode provocar dúvidas. Esforçam-se para obter felicidade; querem ser felizes e assim permanecer. Essa empresa apresenta dois aspectos: uma meta positiva e uma meta negativa. Por um lado, visa a uma ausência de sofrimento e de desprazer; por outro, à experiência de intensos sentimentos de prazer."

Freud dissocia pulsão sexual e procriação. E associa essa pulsão à satisfação. Se cada um goza de um jeito, então está quebrada a associação entre pulsão sexual e objeto (alvo dessa pulsão sexual). O alvo para a satisfação dessa pulsão não é nem naturalmente nem teologicamente determinado. Portanto, a pulsão não tem nada a ver com instinto.

Quando Freud liga a sexualidade humana à pulsão (e não ao instinto), está demarcando uma linha para manter de um lado a psicanálise e de outro a ciência positivista (marcadamente moralista) e a filosofia do século XIX (predominantemente cristã).

Já para Schopenhauer, o homem, que ele considera guiado pelo instinto, serve de modo inconsciente à natureza. Inicialmente o desejo sexual adviria do amor. Mas no final das contas o desejo e o próprio amor transformam-se em pura ilusão a serviço da propagação da espécie, a serviço da Natureza, com sua vontade soberana: "Há algo de inteiramente peculiar na seriedade profunda e inconsciente com a qual duas pessoas de sexo distinto ... se consideram mutuamente ... Esse investigar e examinar é a meditação do gênio da espécie sobre o possível indivíduo que ambos poderiam procriar e a combinação de suas qualidades." Schopenhauer propõe uma verdadeira religião da Natureza.

A propagação da espécie para Schopenhauer é a propagação do Mal.

Schopenhauer acaba representando o homem como morto para o desejo. Primeiro porque, servindo à Natureza, sem o saber, é na verdade enganado por ela. A Natureza, assim, saberia o que quer e o que estaria fazendo. Em segundo lugar porque, se se trata apenas de fazer o que já está determinado pela Natureza, então não seria o homem quem escolhe, e sim a Natureza. E, além do mais, desse modo o objeto do desejo humano — diferentemente da posição de Freud — já estaria dado pela Natureza.

Fica claro então que o inconsciente para Schopenhauer nada tem a ver com o conceito freudiano de inconsciente (estruturado enquanto linguagem). Inconsciente para o autor de *Metafísica do amor* é sinônimo de negação da consciência, para que possa prevalecer o biológico, que é onde estaria determinado o que cada sexo é e faz. Schopenhauer vale-se do termo "inconsciente" para assim tentar mostrar que a sexualidade visa fazer o contrário (o Mal) do que pregavam a pedagogia, a filosofia e a religião (o Bem).

No lugar dessa associação sexualidade/procriação e de mais essa tentativa de demarcar sem ambigüidade o lugar do homem e o da mulher, Freud propôs uma ampliação do conceito de sexualidade e pôs um ponto de interrogação nas fronteiras entre masculino e feminino. Ele mostra, em *Três ensaios sobre a teoria da sexualidade*, que foi observando as crianças e os chamados perversos que pôde então elaborar a teoria psicanalítica, pautada na "importância da vida sexual para todas as realizações humanas". Portanto, não há conivência de Freud com o saber médico de seu tempo ou com o conformismo edificante da sociedade burguesa e cristã. Para ele, no inconsciente não há representação equivalente àquilo que está na anatomia (pênis/vagina).

Diferentemente, Schopenhauer arma sua teoria sobre o homem, trazendo uma nota de desacordo em relação ao que era dominante na filosofia de seu tempo (a Natureza para ele seria má), mas trazendo também muitas notas de concordância, na medida em que subordina o amor e o desejo sexual a uma norma (da Natureza): fazer o Mal. O Bem, para Schopenhauer estaria no aniquilamento, na extinção da própria espécie. Schopenhauer irá abalar os termos considerados harmônicos (dever/razão/felicidade do homem no mundo). Mas irá também, por outro lado, apoiar aqueles que defendiam a relação sexualidade/natureza/propagação da espécie, tão bem acolhida à época.

Jacques Lacan, no *Seminário 7 — A ética da psicanálise*, vai mostrar que o *desejo* do homem, "longamente apalpado, anestesiado, adormecido pelos moralistas, domesticado pelos educadores, traído pelas academias", será abordado por Freud numa perspectiva totalmente distinta. E a diferença maior está no fato de Freud colocar um ponto de interrogação no campo do desejo. É por isso que dizemos que o sujeito para a psicanálise é dividido: porque é acossado a todo instante por forças nunca completamente dominadas, as pulsões; e porque a pulsão sexual, que o afeta, tem por objetivo sempre tão-somente aquilo que pode proporcionar *satisfação*. Ou seja: só o que é único na pulsão é o alvo (satisfação), nunca o objeto.

A sexualidade, com Freud — diferentemente do que estabelecem o cristianismo, a filosofia e o saber médico do século XIX —, é vista como algo diverso da função dos órgãos genitais. A sexologia, que já existia antes, com Krafft-Ebing e sua obra *Psychopathia sexualis*, publicada em 1886, já tinha levantado formas ditas patológicas e instituíra uma nomenclatura (masoquismo, sadismo etc). Esse curioso livro é um inventário de casos clínicos que dá uma boa idéia de tudo aquilo que Krafft-Ebing quer qualificar de anomalia, embora quase não consiga fazê-lo, tamanha a profusão de elementos que indicariam a hipótese contrária. Os registros clínicos do médico austríaco são pontuados por observações e aconselhamentos aos pacientes que visam a abordar os impulsos sexuais ali descritos como anormalidades que devem ser severamente reconduzidas aos seus fins ditos normais. A *Psychopathia sexualis* está pautada na noção de instinto e na rígida moral vitoriana do século XIX. Sob esse prisma a imagem que se faz do homem é a daquele que tem uma metade animal que precisaria ser purificada pela metade racional. As perversões seriam então uma derrota da razão (natureza boa do homem) diante da animalidade (natureza má do homem).

Entretanto, a própria descrição dos casos vai mostrando que havia algo ali que Krafft-Ebing não conseguia ver, e que Freud verá: que as ditas perversões sexuais quase não mereceriam esse nome, e que a pulsão sexual não tem uma finalidade natural. Mais ainda: que as grandes criações humanas se originam da sublimação desses elementos perversos da sexualidade.

A religião é uma ilusão

Em carta ao seu amigo Eduard Silberstein, Freud dirá em 1873 que "para os caminhos obscuros de Deus ninguém inventou uma lanterna ainda". Mais adiante arrematará: "Sou um estudante de medicina ateu."

Outro amigo, o pastor Pfister, lhe dirá muitos anos depois: "O senhor não é ateu; quem vive para a verdade vive em Deus." E ainda, nessa mesma carta de 1918, referindo-se a Freud: "Jamais houve cristão melhor."

Tais lisonjas, entretanto, nunca chegavam a abalar as convicções de Freud nem muito menos o impediam de perguntar: "Por que nenhum desses devotos criou a psicanálise? Por que foi necessário esperar por um judeu completamente ateu?"

O futuro de uma ilusão é uma obra de Freud que está ligada intrinsecamente aos fundamentos da psicanálise. Não é um puro e simples estudo da religião enquanto fenômeno cultural. Nem tão-somente uma transposição para a cultura daquilo que já havia sido teorizado a respeito da realidade psíquica. Freud alertou que a analogia entre indivíduo e cultura pode ser esclarecedora, mas trata-se apenas de uma analogia. Tal aproximação exige atenção e reservas.

Em *O futuro de uma ilusão* e *O mal-estar na cultura*, Freud vai voltar o seu olhar para a religião e para a cultura. Levando em conta que passara a vida ocupado em demolir ilusões, o que pergunta agora é: a que se deve o forte pendor dos homens à ilusão religiosa? Resposta: deve-se à necessidade do pai. Levando em conta todos os esforços empreendidos para que o homem pudesse ser completamente feliz, por que não há sinais de que essa felicidade tenha sido alcançada em qualquer época ou cultura? Os homens precisam da cultura, mas não podem ser felizes nela; por quê? Parafraseando o próprio Freud, a resposta mal pode provocar dúvidas: é porque o mal-estar é "na" cultura, e não "da" cultura... Jacques Lacan pôde ressaltar anos depois, relendo *O mal-estar*, que a mensagem surpreendente e ainda inquietante dessa obra de Freud é que viver, seja em que cultura for, é sempre difícil, é sempre demais para o homem. Sempre... Sempre... Sempre... A estrutura psíquica do homem é tal que a felicidade completa está-lhe sempre fora do alcance. Trata-se de uma visão pessimista da existência? Claro que não. Trata-se, mais uma vez, de fidelidade à verdade, de combate a tudo aquilo que a observação e a escuta analítica não eram capazes de comprovar. A crença nessa felicidade completa através do amparo religioso ou da reforma social é uma ilusão, uma ilusão infantil (como toda ilusão).

Em 1907, em *Atos obsessivos e práticas religiosas*, Freud já se detivera no fenômeno religioso associando-o à neurose obsessiva. O cerimonial neurótico se parece muito, para ele, com os atos sagrados do rito religioso. A analogia "consiste no temor que surge na consciência em caso de omissão, consiste na exclusão total de toda outra atividade (proibição da perturbação) e consiste na conscienciosa minúcia da execução". A neurose obsessiva é uma religião íntima. Seu cerimonial parece absurdo, enquanto os cerimoniais religiosos parecem cheios de propósito. Entretanto, adverte

Freud, os atos obsessivos de despropositados têm apenas a aparência.

Tanto o homem de fé quanto o neurótico obsessivo querem ser salvos, e crêem-se grandes pecadores, e crêem também possível resguardarem-se de toda e qualquer angústia através do conjunto de atos que se impõem por dever. "Caso contrário, uma desgraça irá acontecer", é o que pensam. Renúncia ao desejo (tentação) e proteção contra uma punição (desgraça) sempre iminente parecem estar na base da religião e da neurose obsessiva. Em *O futuro de uma ilusão*, referindo-se recapitulativamente a *Atos obsessivos e práticas religiosas*, Freud dirá que os devotos acabam por se salvaguardar do risco de certas enfermidades neuróticas. A religião (neurose universal) os livra de uma neurose pessoal.

A religião é uma neurose obsessiva universal porque vem em substituição à renúncia ao impulso sexual. A neurose é uma religião individual porque se arma sob o peso dos deveres, sempre imperativos, sempre categóricos.

Em 1911 Freud escreve ao psicanalista húngaro Sandor Ferenczi e diz-lhe que estava novamente ruminando "sobre as origens da religião nas pulsões".

Em 1913, em *Totem e tabu*, partirá da hipótese de que certamente houve uma época sem religião, sem deuses. Nessa época (fase do animismo), os homens, se desejavam algo da Natureza, não faziam uma oração diretamente ao deus do tempo. Realizavam um ato mágico que influenciasse diretamente a Natureza: eles mesmos faziam, por exemplo, algo que se assemelhasse à chuva. A pergunta de Freud aqui é: o que teria causado a transição do animismo para a religião? Ele situa a origem dessa transição numa revolução das circunstâncias da família humana.

O totemismo consistia em estabelecer uma ligação entre uma espécie natural (um animal) e um clã, a fim de explicar uma hipotética unidade original das diversas realidades etnográficas.

Vejamos o que Freud apresenta nessa obra. Num tempo primitivo, os homens viviam em pequenas hordas, cada qual sob o poder de um macho que se apropriava de todas as fêmeas. Um dia, os filhos da horda primitiva rebelaram-se contra o pai. Mataram-no e comeram seu cadáver. Após o assassinato, renegaram sua má ação e, em seguida, inventaram uma nova ordem social, através da renúncia à posse das mulheres da tribo (exogamia) e da proibição do assassinato do substituto do pai (totem). Desse modo — com proibição do incesto (interdição à posse das mulheres da tribo) e proibição de matar o pai (o pai-totem) — estariam fundadas a religião, a organização social e as restrições morais.

Especialistas em história das religiões e em antropologia apontam, em *Totem e tabu*, erros e interpretações equivocadas. Apesar de tudo, essa tem sido considerada uma das obras capitais de Freud. Lacan dirá, no *Seminário 7*, que o mito do pai da horda primitiva é o único mito moderno. Para ele, Freud teria mostrado que o pai de *Totem e tabu* tem como referência o gozo: é o pai privador (que tem todas as mulheres). Sua morte vem mostrar que o acesso ao gozo pleno sempre estivera vedado, ou seja, mesmo enquanto ele vivia era impossível qualquer gozo pleno. Então a castração é efeito da inscrição do homem na ordem simbólica, e é por isso que ninguém tem o falo (nem mesmo o Pai). O mito do pai da horda primitiva de Freud mostra que Deus está morto. Se está morto, completa Lacan, é porque sempre o esteve. Não se trata de algo de caráter metafísico, mas sim de uma lógica da impossibilidade, a partir da qual uma lei universal se inscreve. Poder-se-ia supor que a crença em Deus deve-se à sua existência. Mas, ao contrário, é por sua não existência que se pode crer nele.

Em 1927, com *O futuro de uma ilusão*, Freud vai se deter nas idéias religiosas sob novo prisma. Não mais para esclarecer algo sobre a neurose obsessiva, nem para buscar entender a passagem de um tempo sem religião para outro com religião. Agora ele vai explicar o que é uma ilusão, por que a religião é uma ilusão, por que a psicanálise se contrapõe às explicações religiosas e por que ela pode oferecer um caminho de superação do infantilismo que compele o homem a criar deuses à imagem e semelhança de seus pais.

É nesse livro que Freud vem mostrar a natureza grandiosa da religião e o que ela se propõe a fazer pelos seres humanos: "Dá-lhes informações a respeito da origem e da existência do universo, assegura-lhes proteção e felicidade definitiva nos altos e baixos da vida e dirige seus pensamentos e ações mediante preceitos, os quais estabelece com toda a sua autoridade." Com isso ela preenche três funções: a de satisfazer a sede de conhecimento do homem; a de garantir conforto na desventura; a de estabelecer preceitos, proibições e restrições. A religião estaria entre as medidas adotadas pelo homem para abolir o mal-estar "na" cultura. Tarefa, de todo modo, impossível. Para o homem, a vida é mesmo difícil de suportar: a natureza, diz Freud, é cruel, destrói o homem fria e incansavelmente, e a debilidade do corpo não o ajuda a enfrentá-la; a cultura, através da qual o homem se defende da natureza e dos outros homens, também impõe-lhe privações; e, por fim, os outros homens trazem-lhe outro tanto de sofrimento, "apesar dos preceitos da cultura" e "por causa das imperfeições dela".

Eis a essência da questão: para tornar tolerável o seu desemparo, o homem tenta dar à vida um propósito mais elevado. A partir daí, tudo o que acontece no mundo passa a ser visto como "expressão das intenções de uma inteligência superior". Este Pai (Todo-Poderoso), embora escreva por linhas tortas, ordenaria tudo — segundo a visão religiosa — para o melhor. O olhar crítico de Freud não deixa de lado uma certa ironia: "Sobre cada um de nós vela uma providência benevolente que só aparentemente é severa e que não permitirá que nos tornemos um joguete das forças poderosas e impiedosas da natureza. A própria morte não é uma extinção, não constitui um retorno ao inanimado inorgânico, mas o começo de um novo tipo de existência que se acha no caminho da evolução para algo mais elevado." Ao final, todo o bem estaria recompensado e todo o mal, punido, se não na realidade pelo menos em existências que se iniciariam após a morte. Assim todos os sofrimentos e as agruras da vida estariam destinados a se desfazer.

As garantias de proteção estão diretamente ligadas ao cumprimento de tudo aquilo que a religião prescreve. Segundo a doutrina religiosa, somente aqueles que obedecem aos mandamentos podem contar com os seus benefícios: "A punição espera o desobediente."

Quando nos voltamos para a primeira das funções levantadas por Freud, a sede de conhecimento, a vontade de saber a origem do universo, vamos encontrar a seguinte observação: por que a explicação da origem do universo faz parte de todos os sistemas religiosos? Porque esse deus-criador é chamado de pai, o mesmo pai que, com toda a sua magnificência, aparecia para a criancinha. Freud completa: "O homem religioso imagina a criação do universo assim como imagina sua própria origem." E por isso se ilude.

Uma ilusão não é necessariamente um erro. É sim algo que deriva de fantasias de tal modo prementes que o homem despreza a verificação e as relações com a realidade. Vejamos a seguinte situação: sabemos que a Terra tem a forma de uma esfera; o comportamento do horizonte e a possibilidade de circunavegá-la podem provar isso. Sabemos que é impraticável enviar uma criança em idade escolar numa viagem em redor do mundo. Sabemos que o que é ensinado deverá ser aceito com confiança, visto tratar-se do resultado de um processo de pensamento baseado na observação e também em inferências. Porém, se alguém ainda assim desejar passar pelo mesmo processo, o caminho para adquirir uma convicção pessoal permanece aberto.

É isto que *não* acontece com a religião. Quando indagamos em que ela se funda, as respostas são: devemos acreditar porque nossos primitivos antepassados já acreditavam; possuímos provas que nos foram transmitidas desde os tempos primitivos; é proibido questionar a autenticidade. Está visto que não se pode adquirir uma convicção pessoal! É crer ou não crer. E pronto. Aqui entra a fé.

Freud vai realizar uma interessante síntese de *O futuro de uma ilusão* em *Novas conferências introdutórias sobre psicanálise*: "A religião é uma tentativa de obter domínio do mundo perceptível no qual nos situamos, através do mundo dos desejos que desenvolvemos dentro de nós em conseqüência de necessidades biológicas e psicológicas. Mas a religião não pode conseguir isso. Suas doutrinas conservam a marca dos tempos em que surgiram, dos tempos de ignorância da infância da humanidade. Seu consolo não merece fé. A experiência nos ensina que o mundo não é um aposento de criancinhas."

É a partir desse ponto que Freud passa, em *O futuro de uma ilusão*, a antever uma importante objeção às suas idéias: se a nossa cultura se ergue sobre as doutrinas da religião, sem ela o caos não retornaria? Sem inibição ou temor, os homens em sua maioria não estariam mais inclinados a seguir seus impulsos associais e egoístas? Por exemplo, se a única razão para não matar é porque Deus castiga, então quem não acredita em Deus é um assassino em potencial? Claro que não. Foi visando ao interesse comum que a cultura formulou o Mandamento de que não se deve matar. Se o homem saísse sempre por aí matando a quem odeia, viveríamos como vivem até hoje algumas famílias da Córsega. O assassino logo atrairia contra si a vingança dos parentes do morto e não desfrutaria de seu crime por muito tempo. E assim por diante... Seria melhor admitir então que a origem das regras sociais é puramente humana. Desse modo, o homem talvez pudesse assumir uma atitude mais amistosa para com elas e visaria, antes de tudo, não a aboli-las, mas a aperfeiçoá-las.

Outra objeção que Freud antevê: se a religião deriva de fortes anseios dos homens, não seria uma crueldade privá-los daquilo que acaba por ser para tantos a única consolação? Chegamos ao ponto-chave. Admitindo que Freud esteja certo, não seria melhor deixar tudo como estava? Afinal de contas não é de ilusão mesmo que o homem vive? Não, não é melhor. Não, não é de ilusão que o homem vive. Ninguém está livre de iludir-se, mas isso não é o mesmo que dizer que é de ilusão que se vive. Ao se contrapor às ilusões, que trazem sempre um conjunto de receitas para a felicidade, Freud propõe que cada um possa encontrar a felicidade a seu modo. "Não existe uma regra de ouro que se aplique a todos: todo homem tem de descobrir por si mesmo de que modo específico ele pode ser salvo", dirá em *O mal-estar na cultura*, parafraseando Frederico o Grande.

Mas isso não estaria em contradição com o conjunto da obra de Freud? A Revolução Francesa e a Revolução Russa não teriam provado que não se pode abolir a fé em nome da razão? Não. Não está em contradição. E além do mais — e é aqui que podemos dizer que Freud não é nenhum herdeiro do Iluminismo, nem do Humanismo — o que os acontecimentos da Revolução Francesa e da Revolução Russa mostraram foi que também nesses casos estava em campo uma razão imperativa: nobre e burguês eram signos do Mal. Por isso, deveriam ter as cabeças cortadas.

Os argumentos racionais que Freud propõe não têm o objetivo de domar as pulsões. São apenas para que o homem possa enfrentar "a vida hostil" entregue a seus próprios recursos. Que decida por si mesmo, sem as muletas e os narcóticos da religião. Freud deixa bem claro que essa "educação para a realidade" é o único propósito de *O futuro de uma ilusão*.

Freud está sendo idealista, dirá alguém. Mas é bom lembrar que ele mesmo disse: "Não sou inacessível à crítica, sei como é difícil evitar ilusões." Ou ainda: "Talvez o efeito da proibição religiosa do pensamento não seja tão negativo quanto suponho; talvez acontecesse que a natureza humana permanecesse a mesma." E dirigindo-se a um interlocutor imaginário: "Não sei, e tampouco você pode saber."

Aqui então retornamos ao ponto central desse livro: ao se contrapor às ilusões religiosas, Freud está propondo uma nova concepção de ética, baseada no valor que dá ao desejo e na primazia da sexualidade para a vida humana. A posição de Freud é: se o homem não recusasse seus desejos e suas pulsões, recalcando-os, poderia inclusive fazer uma escolha.

Freud sabia que a religião negava muito ao homem, acenando-lhe com satisfações futuras. A pulsão, entretanto, deve alcançar alguma satisfação direta na vida. A este respeito talvez fosse proveitoso recuperar uma antiga anedota alemã, narrada por Freud em *Cinco lições de psicanálise*. Os habitantes de um vilarejo chamado Schilda possuíam um cavalo. Mas não estavam satisfeitos: ele consumia aveia demais e esta era cara. Resolveram corrigi-lo pouco a pouco. Todos os dias diminuíam a ração em alguns grãos, até que fizeram com que ele se acostumasse à abstinência quase completa. Por um certo tempo tudo correu às mil maravilhas. O cavalo já estava comendo apenas um grãozinho. No dia seguinte iria certamente trabalhar sem alimento algum. Entretanto, o que ocorreu não foi isto: no outro dia, o cavalo amanheceu morto. Os cidadãos de Schilda não souberam explicar por quê.

Em carta a Arnold Zweig, de 30 de setembro de 1934, Freud afirma que *Moisés e o monoteísmo* de 1939, traz uma teoria sobre a religião já apresentada em *Totem e tabu*. Porém o Moisés de Freud era egípcio, sua verdadeira família era a do faraó egípcio. Moisés teria assumido a chefia de uma tribo semita, libertando-a do cativeiro no Egito. Mas esse povo não suportou a nova religião, matou Moisés e recalcou a lembrança do assassinato, que teria retornado com o cristianismo: "O antigo Deus, o Deus-Pai, passou para o segundo plano. Cristo, seu filho, assumiu seu lugar, como teria querido fazer, numa época passada, cada um dos filhos rebelados." A história de um Jesus sacrificando-se pela humanidade pecadora devia ocultar um crime. "O redentor", diz Freud, "não poderia ser senão o principal culpado, o líder do bando fraterno que havia sobrepujado o pai." Tanto cristãos quanto judeus repetiam o crime primordial contra o pai que Freud analisara em *Totem e tabu*. "O judaísmo tinha sido uma religião do pai, o cristianismo uma religião do filho", completa Freud.

Numa carta a sua amiga Lou Andréas-Salomé, de 6 de janeiro de 1935, enquanto ainda compunha *Moisés e o monoteísmo*, Freud escreve: "As religiões devem seu poder compulsivo ao retorno do recalcado. São lembranças redespertadas de episódios muito antigos, esquecidos e altamente emocionais da história humana. Já disse isso em *Totem e tabu*. Agora o exprimo na fórmula: a força da religião reside não em seu material, mas em sua verdade histórica."

Em *Moisés e o monoteísmo*, Freud irá também apresentar uma explicação própria para o anti-semitismo. Na mesma carta já referida, de 1934, a Arnold Zweig, encontraremos: "Em vista das novas perseguições, a gente volta a se perguntar como foi que nasceu o judeu e qual é o motivo pelo qual tem atraído para si este ódio inextinguível." A resposta de Freud é: o judeu foi criado por Moisés. Os povos anti-semitas de hoje só se cristianizaram tardiamente e mesmo assim sob coerção sangrenta. Sob uma tênue capa de cristianismo, continuariam apaixonados pelo politeísmo bárbaro. Não superaram a aversão pela nova religião (monoteísta, trazida por Moisés), mas a deslocaram para a fonte (o povo judeu) de onde lhes veio o cristianismo. O anti-semitismo, para Freud, é no fundo um anticristianismo disfarçado.

Está visto que uma obra como essa não poderia ser apresentada na Áustria daquele tempo. É o que Freud expressa a Lou Salomé: "Veja você, Lou, esta fórmula, que exerce uma fascinação tão grande sobre mim, não pode ser publicamente expressa na Áustria hoje em dia, sem fazer cair sobre nós um estado de proibição da análise por parte da autoridade católica dominante. E é apenas esse catolicismo que nos protege dos nazistas."

Também a Arnold Zweig escreverá:

> Devo ter em conta que aqui vivemos em uma atmosfera de severa fé católica. Alguns afirmam que a política desse país está dirigida pelo padre Schmidt ..., que é um dos homens de confiança do papa e que por sorte é também um etnólogo e investigador religioso que em seus livros não faz segredo de sua aversão à psicanálise ... Cabe deduzir que a publicação de uma nova obra minha pode chegar a causar certo alvoroço que de nenhuma maneira escaparia à atenção de quem já se declarou abertamente inimigo de minhas idéias. Com isso se correria o risco da proibição da psicanálise em Viena e a suspensão de todos os trabalhos que estamos realizando aqui. Se o perigo fosse só para mim, não me impressionaria muito. Mas o risco de que todos os nossos colegas em Viena fiquem sem trabalho é uma responsabilidade que não posso me dar ao luxo de assumir.

De fato, Freud acreditava na força da Igreja católica para que a Áustria pudesse resistir à anexação por parte da Alemanha. As expectativas de Freud se frustraram: a Alemanha anexou a Áustria e a Igreja não fez nada para impedir a selvageria que se seguiu imediatamente através de ataques a lojistas e de pilhagem a apartamentos de judeus, além de toda a sorte de humilhações que se quis impor a estes. Freud errou: os padres vienenses celebraram as proezas de Hitler, prometeram cooperar com o nazismo e hastearam a bandeira com a suástica nos campanários das igrejas. E os austríacos mostraram prontamente sua adesão ao invasor. Quando Freud sair de Viena para exilar-se em Londres, o pastor Pfister dirá, em carta de 21 de fevereiro de 1939:

"Devemos ficar contentes que o senhor tenha deixado uma nação que regrediu ao pai sádico!"

Os pedidos para que Freud não publicasse *Moisés e o monoteísmo* foram muitos. As ameaças também. Seria um livro, adverte-lhe um missivista inglês, que desagradaria à Inglaterra cristã, que acabara de acolhê-lo. Por outro lado, provocaria danos irreparáveis aos judeus e daria mais uma arma aos nazistas, pondera-lhe outro. Freud, entretanto, permaneceu irredutível na idéia de ver o seu *Moisés* publicado. Ele sabia que não lhe restava muito tempo. E, além do mais, a situação em Viena já estava perdida: seus amigos analistas já haviam partido (a maioria deles para os Estados Unidos). Talvez para Freud não houvesse mais nada que, pela cautela, pudesse ser salvo.

Entretanto, segundo Stefan Zweig, Freud chegou a lamentar a publicação desse livro (no qual Moisés aparece como um não-judeu) justamente na mais horrenda hora para os judeus, 1939. E registra o comentário de Freud: "Agora, quando tiram tudo dos judeus, eu lhes tiro ainda o seu melhor homem." Stefan Zweig, que tinha sincera veneração por Freud, diz-nos, no último capítulo de *O mundo que vi*: "Tive que concordar com ele."

Não foi à toa que Stefan Zweig abriu e fechou seu livro de memórias com capítulos dedicados a Freud. No último capítulo, quando narra a ida de Freud para Londres e sua morte no exílio, o faz como se uma época estivesse chegando ao fim. O mundo de segurança construído pelos ideais cristãos e pela fé no progresso ruíra com os tanques de Hitler como um castelo de sonhos. Tiveram que dar razão a Freud quando ele dizia que a cultura, a civilização, era uma tênue camada, que a qualquer hora, sempre, podia se romper.

Psicanálise e religião depois de Freud

Peter Gay dedicou uma parte de sua obra *Um judeu sem Deus* para mostrar as tentativas realizadas por psicanalistas e padres de encontrar um território de entendimento entre psicanálise e religião.

A correspondência entre Freud e Pfister (de 1909 a 1939, ano da morte de Freud) tem no seu cerne este impasse. De fato, o pastor liberal Oscar Pfister parece aferrar-se à possibilidade de se transformar, com a psicanálise e a religião, em um médico do corpo e do espírito. É certo também que Freud nunca encorajou seu amigo Pfister nessa tarefa. O objetivo da psicanálise, para Freud, nunca fora a saúde do corpo e da alma, mas sim que o homem possa se posicionar diante de seu desejo, saindo desse modo da posição de sofredor irremediável, de vítima sem responsabilidade alguma pelo que lhe ocorre. Até a morte de Freud, Pfister continuou se julgando "um pastor analista". E Freud continuou reticente em relação a isso: "O fato de que o senhor possa ser um analista tão convicto e permanecer um eclesiástico é parte dessas contradições que fazem a vida interessante."

Para Freud, a psicanálise é incompatível com a religião. Mas isso não quer dizer que uma pessoa religiosa não possa passar por uma análise. Pode sim. E isso porque a psicanálise não é uma pedagogia, não visa a fazer de ninguém religioso e nem ateu. Foi também ao próprio Pfister que Freud disse que a psicanálise é um instrumento sem partido.

Entretanto, mesmo com todas as reservas que Freud manteve em relação às idéias de Pfister, isso não impediu que seu amigo lhe contasse em 14 de março de 1921 que tinha participado de uma reunião em que dois professores de teologia tinham sustentado com entusiasmo que a psicanálise era indispensável à teologia histórica e crítica. Nesse mesmo ano, Pfister comunica-lhe que fizera conferências sobre psicanálise em Coblence e em Nuremberg, e que encontrara mais interesse do que ignorância entre seu público de pastores. Para Pfister, a causa de Freud ganhava terreno entre os homens de Deus.

Depois da morte de Freud, o pastor Pfister permaneceu, apesar de tudo, sendo exceção. Na verdade, poucos teólogos demonstraram atitude amistosa para com a psicanálise. Nas melhores abordagens, tentavam mostrar afinidades entre psicanálise e religião, para assim recusar a Freud toda e qualquer originalidade.

Em 1956, o médico inglês W. Earl Biddle escreveu em *Integração de religião e psiquiatria* que Freud descobrira que o homem é em essência religioso, e que ele não se opusera fundamentalmente à religião, mas sim a seus dogmas. Trata-se, é claro, de uma leitura errada de Freud. Se seguíssemos os passos de Biddle, chegaríamos à conclusão de que Freud foi um cristão liberal, de que só o que fez foi tentar purificar a religião de seus excessos...

No mesmo caminho segue Roy Stuart Lee, com *Freud e o cristianismo* (obra escrita em 1948 e publicada em 1967). Para Lee, a psicanálise teria surgido para purgar a religião de seus elementos não-cristãos. Também aqui, o que Lee parece querer demonstrar é que as concepções freudianas de aparelho psíquico, de inconsciente e de pulsão de morte abrem caminho para um cristianismo purificado.

Entre os pensadores judeus, as idéias de Freud causaram muitas reações. Para Franz Rosenzweig e Martin Buber, Freud poderia muito bem não ter existido. Em 1967, Martin Kushner, em seu livro *Freud — Um homem obcecado*, mostrava-se alarmado com a influência nefasta de Freud sobre a sociedade: "Freud retira dos homossexuais, das lésbicas, dos pederastas, dos sádicos e dos masoquistas tudo que os marcaria com o estigma da perversão sexual, dando-lhes um status, ao declarar que tudo isto é natural. Esse caminho que consiste em inocentar as perversões sexuais é um dos conceitos fundamentais da psicanálise." Os ataques contra a psicanálise fundamentam-se na idéia de que Freud dá a absolvisão do pecado em vez de mostrar o caminho do arrependimento. Por conseqüência, a psicanálise acaba sendo apresentada como uma ameaça às certezas morais, que, segundo alguns, seriam o cimento das sociedades.

Também entre os pensadores judeus as vozes pacíficas são minoria. Em 1946, o rabino Joshua Loth Liebman, no livro *Paz de espírito* — de enorme sucesso: em 1966 já estava na quadragésima edição —, escreverá que o homem é bom por essência, mas perde sua bondade, porque sofre. A psicanálise, segundo Liebman, pode ajudá-lo a recuperar essa essência. Para ele, psicanálise e religião têm objetivos diferentes. Não há, portanto, motivos para o temor de que a psicanálise possa tomar o lugar da religião. Liebman está em desacordo com Freud porque para o criador da psicanálise o homem não tem uma essência. Mais uma vez: a psicanálise não é uma moral, e psicanalista não é pedagogo. O que se busca não é retornar a nenhuma essência.

Entre os psicanalistas também não encontraremos tanta fidelidade assim, como seria de se esperar, aos preceitos freudianos. Erich Fromm, em sua obra *Psicanálise e religião*, de 1950, não se opõe à religião (desde que ela não se transforme numa idolatria). Pelo contrário, chega a defender que a psicanálise é em seus fundamentos uma busca religiosa, através da qual o homem pode desenvolver a capacidade de amar e de pensar. Peter Gay comenta as idéias de Fromm, e mostra que Freud — menos sentimental, menos exaltado, mais realista — não se oporia em considerar o amor como a base da experiência humana, desde que não nos esquecêssemos de lhe acrescentar o ódio.

Para a psicanalista britânica Marjorie Brierley, a religião cristã favorece os desejos do homem. Brierley defende a surrada tese de que o caos moderno dos valores humanos se deve à ruína da religião.

Já o psicanalista e jesuíta William W. Meissner ficará — em *Psicanálise e experiência religiosa*, obra de 1984 —, apesar de tudo, mais próximo de Freud quando afirmar que em certo sentido a teologia começa onde termina a psicanálise.

É certo que aos olhos de Freud esse terreno de entendimento tantas vezes buscado entre psicanálise e religião não existia. Freud analisou muitas vezes, em sua longa vida, o fenômeno religioso. Mas o fez com o olhar do crítico, do conquistador de verdades submersas. Como o externou em carta a Charles Singer, de 31 de outubro de 1938, "qualquer exame científico de uma crença religiosa pressupõe descrença".

A psicanálise não visa à salvação

Freud sempre combateu tanto a subestimação quanto a superestimação da psicanálise. "Precisamos estar preparados para reconhecer seus limites", disse ao pastor Pfister, em 18 de janeiro de 1928. Com isso, ressaltava mais uma vez que a psicanálise não tem nada a ver com o que popularmente se chama de *salvação*.

Freud mostra, em sua obra *Além do princípio de prazer*, que, após vinte e cinco anos de trabalho, muita coisa tinha mudado na psicanálise, muito embora suas teses primordiais — a primazia dada ao inconsciente e à sexualidade — permanecessem. Inicialmente, pusera sua ênfase sobre o Amor. Agora sabia que a Morte era igualmente importante. Através da escuta analítica, Freud pôde então passar a indagar-se a respeito da impressão que muitas pessoas dão de que são perseguidas por um destino maligno ou possuídas por algum poder demoníaco.

Freud refere-se às pessoas cujas relações têm sempre o mesmo resultado: "O benfeitor que é abandonado iradamente, após certo tempo, por todos os seus protegidos", "o homem cujas amizades findam por uma traição por parte do amigo", "o homem que eleva outrem a uma posição de grande autoridade e depois subverte essa autoridade e a substitui por outra nova", "o amante cujos casos amorosos atravessam as mesmas fases e chegam invariavelmente à mesma conclusão".

Aqui Freud passa a desmistificar o Mal até então atribuído ao Diabo (que tantas pessoas queriam expulsar do corpo) ou a Deus (que, acredita-se, escreve sempre em linhas tortas). Para ele, esse destino aparentemente tramado por forças estranhas é na verdade arranjado pelo próprio homem, movido por influências infantis. À idéia de que o que o homem busca alcançar na vida é o prazer deve-se somar agora outra: o homem também sente prazer com o que lhe causa desprazer. E é esta força poderosa que conduz à repetição de situações já vividas que nem sempre uma análise pode fazer recuar. "O máximo que se pode dizer", adverte Freud, "é que existe na mente uma forte *tendência* no sentido do princípio de prazer." Apenas uma tendência, que trilha tantas vezes caminhos obscuros...

É por isso que a ética da psicanálise é a ética do desejo e é por isso também que ela não se confunde com o curandeirismo, o milagrismo, nem com nenhuma explicação mágica da vida. Para a psicanálise, resta ao homem se haver com os seus próprios recursos. A psicanálise não é otimista. Mas também não é pessimista. Cabe a cada um que a experimenta descobrir um ponto, um terceiro lugar que não se confunda com a salvação ou a perdição.

A própria teoria sobre o homem criada por Freud é a todo momento uma tentativa de encontrar esse terceiro lugar. "Sou apenas um iniciador", disse Freud em entrevista concedida a George Sylvester Viereck, em 1926. "Consegui desencavar monumentos soterrados nos substratos da mente. Mas, ali onde eu descobri alguns templos, outros poderão descobrir continentes."

Toda religião propõe uma explicação completa da vida. Mas só propõe. O desamparo permanece. Foi por isso que Freud pôde concluir que toda necessidade religiosa retorna à necessidade do pai.

O homem busca na religião suturar esse vazio que sempre permanece, busca o pai da infância. Desde o início soubemos de algum modo que o heroísmo deste pai também sofria de fraquezas e limitações. Neste ponto de falta estrutural, já que não há garantias no campo do desejo, é aqui mesmo que o sujeito é chamado a se implicar naquilo que diz, respondendo se quer de fato o que deseja. Assim, ele pode se transformar no que Lacan chamou de "viajante do tempo".

Referências e fontes

Além dos livros citados nas "Leituras recomendadas", amplamente consultados, utilizei as seguintes obras:

• O testemunho de Freud sobre sua ligação com a obra de Feuerbach em sua juventude está em Sigmund Freud, *Lettres de jeunesse* (Paris, Gallimard, 1990).

• Sobre o período de estudos de Freud em Paris, recorri ao capítulo "La leçon de Charcot", do livro *Sigmund Freud (1886-1897)*, de Françoise Coblense (Paris, PUF, 2000). É interessante também ler o necrológio escrito por Freud por ocasião da morte de Charcot. Esse texto está no volume III da *Edição standard das obras psicológicas completas de Sigmund Freud* (Rio de Janeiro, Imago).

• Sobre as relações entre psicanálise e medicina, consultei "A faca de Lichtenberg", do livro *Sexo e discurso em Freud e Lacan*, de Marco Antonio Coutinho Jorge (Rio de Janeiro, Jorge Zahar, 1997).

• Sobre a culpa e a função paterna, consultei "Culpa e desculpa", de Dulce Duque Estrada, e também "A culpa na subjetividade de nossa época", de Nadiá Paulo Ferreira. Esses textos encontram-se no livro *Culpa* (São Paulo, Escuta, 2001), organizado por Urania Tourinho Peres. E ainda "O que é o pai?", de Susana Palacios, texto incluído no volume *O que é um pai?* (Rio de Janeiro, Eduerj, 1997), que organizei.

• Sobre *O futuro de uma ilusão*, de Freud, destaco, entre as obras consultadas, o prefácio assinado por Jacques André à edição francesa (*L'avenir d'une illusion*. Paris, PUF, 1999).

• Sobre a sociedade e a cultura européias à época em que Freud viveu, recorri à seção "Sigmund Freud" do livro de Stefan Zweig *A cura pelo espírito*, que está incluído no volume *Essais* (Paris, La Pochothèque, s/d). Consultei ainda *O mundo que vi*, também de Stefan Zweig, do qual destaco os capítulos "O mundo da segurança" (sobre a vida social no século XIX), "Eros matutinos" (sobre a sexualidade no século XIX) e "A agonia da paz" (sobre a ocupação de Viena no final dos anos 30 e a morte de Freud em Londres).

Especificamente sobre os últimos anos de Freud em Viena, há farto material em sua correspondência com o próprio Stefan Zweig (*Sigmund Freud / Stefan Zweig — Correspondance*. Paris, Rivages / Petite Bibliothèque, 2001) e sobretudo com Arnold Zweig (*Sigmund Freud / Arnold Zweig — Correspondencia*. Barcelona, Gedisa, 2000). A correspondência com Lou Andréas-Salomé também abarcam esse período (*Freud / Lou Andréas-Salomé — Correspondência completa*. Rio de Janeiro, Imago, 1975).

• Especificamente sobre o tema deste volume, consultei "Romance histórico: ensaio sobre Freud e a religião", capítulo da obra *Ensaios de psicanálise* (São Paulo, Escuta, 1999), de Urania Tourinho Peres; e também *Un juif sans dieu*, de Peter Gay (citado em "Leituras recomendadas").

• Sobre as relações entre psicanálise e religião após a morte de Freud li, entre outros, "A la recherche d'un terrain d'entente", de *Un juif sans dieu* (Peter Gay); o verbete "Igreja" do *Dicionário de psicanálise* (Rio de Janeiro, Jorge Zahar, 1998), de Elisabeth Roudinesco e Michel Plon; e o verbete "Psicanálise e ciência das religiões", de autoria de Charles Malamoud, do *Dicionário enciclopédico de psicanálise: o legado de Freud e Lacan* (Rio de Janeiro, Jorge Zahar, 1996), organizado por Pierre Kaufmann.

Leituras recomendadas

Sobre Freud

- De Peter Gay indico *Freud — Uma vida para o nosso tempo* (São Paulo, Companhia das Letras, 2001) e *Un juif sans dieu* (Paris, PUF, 1989). Peter Gay insere Freud na tradição iluminista, o que não nos parece correto. Entretanto, isso não apaga os méritos dessas duas obras. A primeira uma biografia meticulosa, relacionando vida e obra de Freud com a história européia da época. A segunda um estudo sobre as tentativas de aproximação entre psicanálise e religião.
- Octave Mannoni. *Freud — Uma biografia ilustrada* (Rio de Janeiro, Jorge Zahar, 1994). Trata-se de um mapeamento do percurso intelectual de Freud, ilustrado com farto material iconográfico e com passagens das obras mais importantes do criador da psicanálise.
- Marco Antonio Coutinho Jorge & Nadiá Paulo Ferreira. *Freud — Criador da psicanálise* (Rio da Janeiro, Jorge Zahar, 2002). Uma biografia breve de Freud, enfatizando os principais pontos sobre os quais se ergue a psicanálise.
- Marco Antonio Coutinho Jorge. *Fundamentos da psicanálise de Freud a Lacan — Vol. 1: As bases conceituais* (Rio de Janeiro, Jorge Zahar, 2000) e *Sexo e discurso em Freud e Lacan* (Rio de Janeiro, Jorge Zahar, 1988). As bases da

teoria psicanalítica são apresentadas nesses dois livros, tendo como foco a leitura que Lacan fará da obra de Freud.

Textos de Freud

- Todos os trabalhos citados se encontram na *Edição standard das obras psicológicas completas de Sigmund Freud*, publicadas pela Imago, Rio de Janeiro. Sugiro em especial: *Três ensaios sobre a teoria da sexualidade* (1905), vol. VII; *Cinco lições de psicanálise* (1910), vol.XI; *Totem e tabu* (1913), vol.XIII; *A história do movimento psicanalítico* (1914), vol.XIV; *Conferências introdutórias sobre a psicanálise* (1916-17), vols.XV e XVI; *Um estudo autobiográfico* (1925), vol.XX; *O futuro de uma ilusão* (1927), vol.XXI; *Novas conferências introdutórias sobre psicanálise* (1932-36), vol.XXII; *Moisés e o monoteísmo* (1939), vol.XXIII. Destas obras destaco a conferência XXXV, de *Novas conferências introdutórias sobre a psicanálise*. Nela Freud faz um apanhado de seus estudos sobre a religião, vindo desde *Atos obsessivos e práticas religiosas*, passando por *Totem e tabu*, depois *O futuro de uma ilusão*, mostrando inclusive as diferenças existentes entre cada uma das abordagens.

Correspondência de Freud

- Merece destaque, da correspondência de Freud, o livro *Cartas entre Freud & Pfister* (Viçosa, Ultimato, 1998).

Trata-se de uma correspondência entre dois amigos que, embora com posições muito diferentes diante da vida, nunca abrem mão da franqueza com que abordam os assuntos humanos.

Textos de filosofia

- Os conceitos de razão pura e de imperativo categórico, de Immanuel Kant, estão em *Crítica da razão pura* (1781), na seção "Do ideal do sumo Bem como fundamento determinante do fim último da razão pura", capítulo "O cânone da razão pura". Há uma boa edição da Fundação Calouste Gulbenkian (Lisboa).
- De Ludwig Feuerbach há edição brasileira de *A essência do cristianismo* (Campinas: Papirus, 1997). Sobre a influência de Feuerbach na obra de Freud, são bastante interessantes as ponderações de Peter Gay, no primeiro capítulo de *Freud — uma vida para o nosso tempo* (São Paulo, Companhia das Letras, 2001), intitulado "Uma ânsia de conhecimento"; e também de Peter Gay o capítulo "Le dernier philosophe" do livro *Un juif sans dieu* (Paris, PUF, 1989).
- Sobre o modo pelo qual a sexualidade aparece na obra dos principais filósofos do final do século XVIII e do século XIX, indico o capítulo "De la destination au destin — histoire philosophique de la différence des sexes", escrito por Geneviève Fraisse, do livro *Histoire des femmes en Occident (Le XIXe siècle)*, organizado por Georges Duby e Michelle Perrot. *A metafísica do amor*, de Arthur Schopenhauer, está muito bem comentado nesse capítulo.

- De Krafft-Ebing vale ler *Psychopathia sexualis* (São Paulo, Martins Fontes, 2001). Trata-se de relatos de casos clínicos. O curioso é o quanto o autor oscila entre a prescrição severa de normas de conduta e a observação de que os ditos anormais sob muitos aspectos quase não mereceriam essa designação.

Seleção de textos

Trechos da entrevista concedida por Freud a George Sylvester Viereck, em 1926

– I –

George Sylvester Viereck: O senhor, professor, sonha a existência complexa demais. No entanto, parece-me que o senhor é em parte responsável pelas complexidades da civilização moderna. Antes que o senhor inventasse a psicanálise, não sabíamos que nossa personalidade é dominada por uma hoste beligerante de complexos muito questionáveis. A psicanálise torna a vida um quebra-cabeça complicado.

Sigmund Freud: De maneira alguma. A psicanálise torna a vida mais simples. Adquirimos uma nova síntese depois da análise. A psicanálise reordena um emaranhado de impulsos dispersos, procura enrolá-los em torno do seu carretel. Ou, modificando a metáfora, ela fornece o fio que conduz a pessoa para fora do labirinto do seu inconsciente.

GSV: Ao menos na superfície, porém, a vida humana nunca foi mais complexa. E a cada dia alguma nova idéia proposta pelo senhor ou por seus discípulos torna o problema da condução humana mais intrigante e mais contraditório.

SF: A psicanálise, pelo menos, jamais fecha a porta a uma nova verdade.

– II –

GSV: Minha impressão é de que a psicanálise desperta em todos que a praticam o espírito da caridade cristã. Nada existe na vida humana que a psicanálise não possa nos fazer compreender. "Tout comprendre c'est tout pardonner."

SF: Pelo contrário [esbravejou Freud — suas feições assumindo a severidade de um profeta hebreu], compreender tudo não é perdoar tudo. A análise nos ensina não apenas o que podemos suportar, mas também o que podemos evitar.

– III –

GSV: O senhor ainda coloca a ênfase sobretudo no sexo?

SF: Respondo com as palavras do seu próprio poeta, Walt Whitman: "Mas tudo faltaria, se faltasse o sexo." Entretanto, já lhe expliquei que agora coloco ênfase quase igual naquilo que está "além" do prazer — a morte, a negociação da vida. Esse desejo explica por que alguns homens amam a dor — como um passo para o aniquilamento! Explica por que os poetas agradecem a "quaisquer deuses que existam/ Que vida nenhuma viva para sempre/ Que os mortos jamais se levantem / E também o rio mais cansado/ Deságüe tranqüilo no mar."

– IV –

[Acompanhado da esposa e da filha, Freud desceu os degraus que levavam do seu refúgio na montanha à rua, para me ver partir. Ele me pareceu cansado e triste, ao dar o seu adeus.]

SF: Não me faça parecer um pessimista [disse ele após o aperto de mão]. Eu não tenho desprezo pelo mundo. Expressar desdém pelo mundo é apenas outra forma de cortejá-lo, de ganhar audiência e aplauso. Não, eu não sou um pessimista, não enquanto tiver meus filhos, minha mulher e minhas flores! Não sou infeliz — ao menos não mais infeliz que os outros.

[O apito de meu trem soou na noite. O automóvel me conduzia rapidamente para a estação. Aos poucos o vulto ligeiramente curvado e a cabeça grisalha de Sigmund Freud desapareceram na distância.]

Trechos de cartas de Freud a Oscar Pfister

Viena, IX., Berggasse 19
26.11.1927

Caro Doutor,
Sim, as surpresas estavam excluídas; o senhor estava preparado para o conteúdo do meu texto e eu para suas opiniões em contrário. Eu poderia estar tentado a chamar sua aten-

ção para o fato de que o senhor trabalha com o argumento: isso tem de estar errado, porque seria muito desagradável, e de que as dificuldades da minha posição não significam nenhum fortalecimento da sua. ...

...

O outro tema, a influência sobre a terapia analítica através da concessão ou recusa de uma satisfação ilusória dos sentimentos, está colocada severamente de lado, pois por mais bondosamente que o analista se comporte, ele obviamente não pode encarregar-se de substituir Deus e a providência para o analisando. Quando seu confidente se queixa da árida devolução de seu anseio à relação pai-filho, ele não tem razão no principal. Temos de o desafiar a suportar esse esclarecimento; o analista não pode satisfazer o anseio em si, ele tem de deixá-lo para o analisando, se este o supera após o esclarecimento, saciando-o de forma religiosa ou diferentemente sublimada. Naturalmente, o analista não pode cometer um grave erro técnico, quando suscita a impressão de que menospreza esse anseio sentimental, ou quando propõe a todos a exigência de superar este pedaço de infantilismo, para o que apenas poucos estão preparados.

...

Com cordiais saudações, seu
Freud.

* * *

Viena, IX., Berggasse 19
25.11.1928

Caro Doutor,

...

Em geral, não dou valor à "imitação de Cristo". A uma expressão psicológica tão profundamente embasada como "os teus pecados estão perdoados, levanta e anda" contrapõem-se outras em grande número condicionadas nada mais que por seu tempo, psicologicamente impossíveis, inúteis para nossa vida. E até a [expressão] anterior provoca uma análise. Se o doente tivesse perguntado: "De onde você sabe que meus pecados foram perdoados?", a resposta só poderia ter sido: "Eu, o Filho de Deus, os perdôo a ti." Portanto, na realidade, é um convite à transferência sem barreiras. Imagine, pois, o senhor, que eu dissesse a um doente: "Eu, professor catedrático titular Sigmund Freud, perdôo os pecados." Que vergonha, no meu caso! Para o outro caso, porém, vale a frase de que a análise não se satisfaz com o resultado de sugestão, mas examina a origem e a legitimidade da transferência.

...

Não sei se o senhor adivinhou a ligação secreta entre a *Análise leiga* e a *Ilusão*. Na primeira quero proteger a análise dos médicos, na segunda, dos sacerdotes. Quero entregá-la a uma categoria que ainda não existe, uma categoria de curas de alma seculares, que não necessitam ser médicos e não podem ser sacerdotes.

Cordialmente, seu velho,
Freud.

* * *

Viena, IX., Berggasse 19
16.02.1929

Caro Doutor,

...

Minha observação de que os analistas da minha fantasia não deveriam ser sacerdotes não soa muito tolerante, isto eu admito. Mas, queira considerar, falei de um futuro distante. Na atualidade também os médicos são-me admissíveis, por que não os sacerdotes? O senhor também tem razão em alertar que a análise não fornece uma nova visão de mundo. Mas ela não o necessita, pois repousa sobre a visão de mundo científica comum, com a qual a religiosa permanece incompatível. Para esta última, porém, não é essencial se ela vê o ideal para o agir humano em Cristo, Buda ou Confúcio e os recomenda para imitação. Sua essência são as ilusões piedosas de providência e ordem ética do mundo, que contradizem a razão. O sacerdote ficará amarrado a representá-las. Naturalmente a gente poderá fazer uso do direito humano à inconseqüência, andar um trecho com a análise, então fazer uma parada, por exemplo, com Charles Darwin, ir regularmente à missa aos domingos. O anseio dos pacientes por valores éticos é digno do meu respeito; não vejo nenhum problema nisso. A ética está fundada sobre as inevitáveis exigências do convívio humano, não sobre a ordem mundial extra-humana. ...

Muito cordialmente, seu
Freud.

(*Cartas entre Freud & Pfister*, p.156-7; 166-7; 170-1)

Sobre o autor

Sérgio Nazar David é poeta e professor de literatura portuguesa da Universidade do Estado do Rio de Janeiro (Uerj), atuando em graduação e pós-graduação. Doutor em teoria literária (UFRJ, 2001), com tese intitulada *O paradoxo do desejo — O masoquismo moral nas literaturas portuguesa e brasileira — 1829-1899* (inédita), é autor de *O romance do corpo* (7 Letras, 1997) e *Onze moedas de chumbo* (7 Letras, 2001). É também organizador e co-autor de *Paixão e revolução* (Eduerj, 1996), *O que é um pai?* (Eduerj, 1997) e de *Ainda o amor* (Eduerj, 1999).

Psicanálise **PASSO-A-PASSO**

- **O adolescente e o outro**
  Sonia Alberti
- **Mito e psicanálise**
  Ana Vicentini de Azevedo
- **Sonhos**
  Ana Costa
- **Édipo**
- **Psicanálise com crianças**
  Teresinha Costa
- **Freud: criador da psicanálise**
- **Lacan, o grande freudiano**
  Marco Antonio Coutinho Jorge e Nadiá Paulo Ferreira
- **A sublimação**
  Orlando Cruxên
- **Freud e a religião**
  Sérgio Nazar David
- **O conceito de sujeito**
  Luciano Elia
- **A teoria do amor**
  Nadiá Paulo Ferreira
- **Histeria: o caso Dora**
  Nadiá Paulo Ferreira e Marcus Alexandre Motta
- **A interpretação**
  Laéria Fontenele
- **Freud e a cultura**
  Betty Fuks
- **Política e psicanálise**
  Ricardo Goldenberg
- **A psicose**
  Andréa M.C. Guerra
- **Angústia**
  Sonia Leite
- **Linguagem e psicanálise**
  Leila Longo
- **Para que serve a psicanálise?**
- **A transferência**
  Denise Maurano
- **Depressão e melancolia**
  Urania Tourinho Peres
- **Feminino/masculino**
  Maria Cristina Poli
- **Os outros em Lacan**
  Antonio Quinet
- **A neurose obsessiva**
  Maria Anita Carneiro Ribeiro
- **Cinema, imagem e psicanálise?**
  Tania Rivera
- **Trauma**
  Ana Maria Rudge
- **A paixão**
  Marcus André Vieira
- **Educação e psicanálise**
  Rinaldo Voltolini